LE BAL
BOURGEOIS,
OPERA-COMIQUE,
EN UN ACTE,

MESLÉ D'ARIETTES;

Par M. FAVART:

Repréſenté pour la premiere fois ſur le Théâtre de l'Opera-Comique de la Foire St. Laurent, le 13 Mars 1738. Imprimé en 1762.

Le prix eſt de 24 ſols avec la Muſique.

A PARIS,
Chez DUCHESNE, Libraire, rue Saint Jacques, au-deſſous de la Fontaine Saint Benoît, au Temple du Goût.

Avec Approbation & Privilége du Roi.
M. DCC. LXII.

ACTEURS.

ORGON, *Tuteur de Julie*, Mr. la Ruette.

DORIMENE, *Tante de Julie*, Mlle. Arnoult.

JULIE, Mlle. Luzy.

CLITANDRE, *Amant de Julie*, Mr. Clairval.

CRISPIN, *Valet de Clitandre*, Mr. Bourette.

TROUPES DE MASQUES.

La Scene est chez Orgon.

LE BAL BOURGEOIS,

OPERA-COMIQUE.

SCENE PREMIERE.

ORGON, DORIMENE,

DUO EN DIALOGUE,

ARIETTE NOUVELLE.

ENSEMBLE.

DORIMENE.   ORGON.

MA-rions Ju-li-e, Ma-rions Ju-li-e.

LE BAL BOURGEOIS,

DORIMENE.
C'est votre a-vis, c'est le mien, c'est le sien, c'est le mien, c'est le vôtre & le sien, c'est le mien.

ORGON.
Quand on est vive & jo- li- e, On sou- pire a- près ce li- en. Trop at- tendre, c'est fo- li- e, Et l'on n'y gagne jamais rien.

DORIMENE. **ORGON.**
Ma- rions Ju- li-e, Ma- rions Ju-

DORIMENE.
li-e. C'est votre a- vis, c'est le sien, c'est le

OPERA-COMIQUE.

mien, c'est le sien, c'est le sien. On ne sçau-

roit trop tôt, je pen-se, calmer ses feux

ORGON.

impa- ti- ens. Quand on croit dé-vancer le

tems, Trop souvent le tems nous dévan- ce.

DORIMENE. ENSEMBLE.

Quand on croit dé-vancer le tems, Trop sou-

ORGON.

Quand on croit dévan-cer le tems, Trop sou-

vent le tems nous dé- van- ce; Quand on

vent le tems nous dé- van- ce; Quand on

A iij

LE BAL BOURGEOIS,

croit devan-cer le tems, Trop souvent le

croit dévancer le tems, Trop souvent le

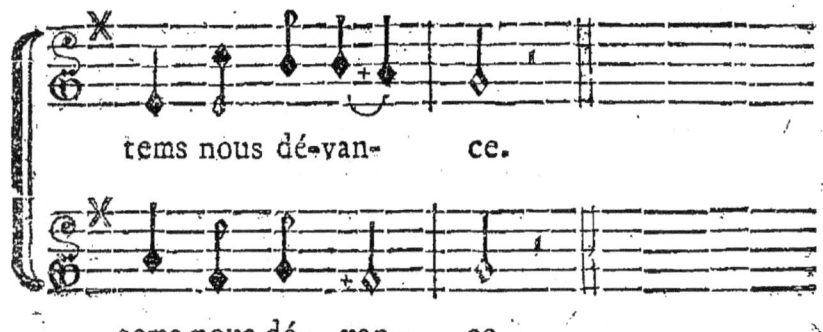

tems nous dé-van- ce.

tems nous dé- van- ce.

DORIMENE.

Air : *Il est pourtant tems*, &c.

Les yeux baissés sous l'éventail,
Elle me fit un long détail.
J'ai, dit-elle, un Amant ;
Il est riche, il est charmant :
 Je n'ose vous prier
 De nous rendre contens :
Il est pourtant tems, pourtant tems,
 Ma Tante, il est pourtant tems
 De me marier.

Air : *Des Billets doux.*

Cet Epoux flatteroit mes vœux ;
D'un si libre aveu de mes feux

Excusez la licence ;
J'aime, hélas ! j'ai trop combattu.
Ah ! si j'avois moins de vertu,
Je prendrois patience.

ORGON.

Elle raisonne juste, ensuite elle vous a parlé de moi ?

DORIMENE.

Elle a loué votre exactitude à remplir à son égard les devoirs de Tuteur ; & elle se flatte que l'hymen qu'elle désire mettra le comble à vos bontés.

ORGON.

La pauvre Enfant ! de tout mon cœur ; mais depuis quand Julie est-elle enfin devenue sensible ?

DORIMENE.

Dès le premier Bal que vous lui avez donné.

ORGON.

Oh ! je sçavois bien que mes soins l'attendriroient ; c'est ce qui m'engage à lui procurer ces sortes de Divertissemens.

DORIMENE.

Vous connoissez donc l'Amant pour qui j'en fais la demande ?

ORGON.

Eh, eh, eh, un peu; il ne bouge d'ici. Ah! ah! Madame Dorimene, vous vous y prenez d'une maniere ingénieufe! on ne peut rien vous refufer; j'époufcrai Julie.

DORIMENE.

Qu'eft-ce à dire ?

ORGON.

Comment! n'eft-ce pas de moi dont vous parlez ?

DORIMENE.

Point du tout; c'eft de Clitandre, jeune homme aimable, digne de ma Niece; j'ai donné ma parole, la famille eft d'accord, les mefures font prifes, il l'époufera.

ORGON.

Non pas, que je fçache, & Julie auroit tort d'en prendre un autre que moi.

DORIMENE.

Allez, vous radotez.

Air : *Des routes du Monde.*

A quoi fert un époux grifon ?
J'en fais une comparaifon
Au maronier, pendant l'Automne;
Avant même les derniers mois,
Feuillage & fruit, tout l'abandonne;
Il ne lui refte que le bois.

ORGON.

Portez ailleurs vos préfages ; je n'en démordrai pas.

DORIMENE.

J'ai prévû vos refus ; mais je me fuis précautionnée : allons, Monfieur Orgon, courage, continuez de donner à votre Pupille des Bals, des Concerts, des Cadeaux ; vous avez befoin de reffources pour vous faire aimer. Continuez, continuez.

ORGON.

Allez, allez, Madame, je n'ai pas befoin de reffources, non plus que de vos confeils ; fi je fonge à votre Niece, je lui fais honneur : apprenez qu'il ne tenoit qu'à moi d'époufer une jeune & belle Marquife qui la valoit bien.

DORIMENE.

Oui-dà ! Eh ! comment fe nomme cette merveilleufe Marquife ?

ORGON.

Madame la Marquife de Flancfec, qui eft à cent lieues d'ici ; il y a trente-cinq ans que je ne l'ai vue ; mais je n'aurois encore qu'à dire un mot, elle feroit à moi.

DORIMENE.

Epousez-la, Monsieur, épousez-la; vous lui convenez; cela sera fort plaisant.

ORGON.

Il ne faudroit pas trop m'en défier; mais j'aime Julie, elle m'aime ou doit m'aimer; ainsi c'est une affaire arrangée.

DORIMENE.

La conséquence est très-juste; je n'ai rien à répliquer.

ORGON.

Je le crois.

DORIMENE.

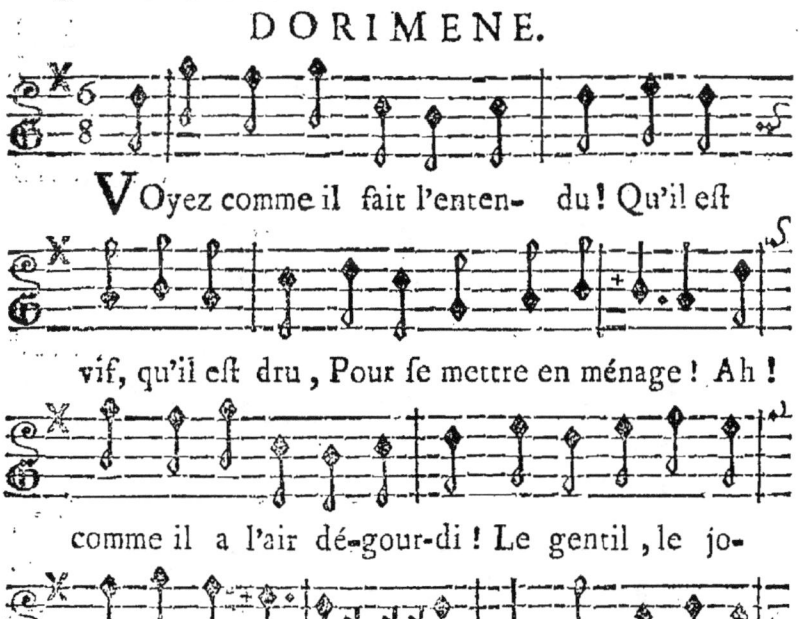

VOyez comme il fait l'enten-du! Qu'il est vif, qu'il est dru, Pour se mettre en ménage! Ah! comme il a l'air dé-gour-di! Le gentil, le joli Person-na-ge! Et dru, dru, dru, Je n'en

OPERA-COMIQUE.

ai jamais vû D'auſſi dru, dru, dru pour ſon

â-ge. Allons, tournez-vous, mon enfant. La gen-

tille ma- niere! Qu'il eſt ave- nant! Al-

lons, tournez-vous, mon en-fant; Auſſi ſot par der-

rie- - - re comme par de- vant. Le jo-

li ga-lant! le gen- til ga- lant! le jo-

li ga- lant!

12 *LE BAL BOURGEOIS,*

ORGON.

Allez-vous-en au diable, je vous mets au pis, & tel que je suis, je vaux bien tous vos freluquets de Petits-Maîtres.

DORIMENE, *fait quelques pas pour s'en aller, & revient.*

Adieu, Monsieur Orgon.

(*Elle sort.*)

SCENE II.

ORGON, *seul.*

Adieu, adieu; parbleu! on sçait ce qu'on vaut.

ARIETTE.

Mal-gré mon âge, J'ai du feu, j'ai du courage; Encore aimable, Je sçais me rendre agréable; Et j'intéresse

LE BAL BOURGEOIS

En- core ai- ma- ble, Je fçais me rendre agré- a- ble; Et j'in- ter- ref- fe U- ne mai- tref- fe, Par mon ar- deur, Oui, par mon ar- deur. J'ai, fi l'on veut, quelques traits de vieil-lef- fe; Mais la jeu-nef- fe, Eft dans mon cœur; Mais la jeu- nef- fe, Eft dans non cœur, Oui, eft dans mon cœur, La jeu-neffe Eft dans mon cœur.

OPERA-COMIQUE.

Cependant ce que vient de me dire Madame Dorimene commence à m'allarmer; je serois d'avis de supprimer le Bal... Mais tout le monde est prié, & je ne puis décemment.... Allons, allons, quitte à veiller de plus près sur Julie. Bien fin qui me trompera ; nous verrons si ce petit Monsieur Clitandre, quel qu'il puisse être, réussira dans ses amours.

SCENE III.

ORGON, CRISPIN, *en Maître à Danser.*

CRISPIN, *à part.*

LE voici, ce vieux Tuteur, qui veut supplanter mon Maître. Jouons bien notre rôle.

Air : *Viens dans ma Cellule.*

La, la, la, je chasse,
Je fais volte-face ;
Par un contre-tems,
En même tems,
Je me trouve en place.
Je recommence,
Je glisse & balance,

Je figure ainsi,
Je fais un Rigaudon ici.
Un Entrechat là, la, la, la, la,
Bon, m'y voilà, la, la, la, la,
Lestement j'avance.
Un pas de fleuret,
Un coupé fait
Avec aisance.
Tata, tita, tour,
Un demi-tour,
Un baloné
Bien enchaîné,
Toujours en cadence;
Paf; le moulinet.
Partez, cadet,
Le moulinet,
Et, &, &, &,
Le moulinet.

(*Il heurte Monsieur Orgon.*)

Ah! Monsieur, excusez un transport de l'Art.

ORGON.

Que demandez-vous ? Qui êtes-vous ?

CRISPIN.

Je suis Maître à Danser ; je m'appelle Saute-en-l'air ; je viens, chemin faisant, d'inventer une Contre-danse brillante, qui pourra servir au Bal que vous donnez ce soir.

ORGON.

OPERA-COMIQUE. 17

ORGON.

Bien obligé, Monsieur, bien obligé, vous pouvez vous en retourner;

CRISPIN.

Point de courroux, de grace; je viens de la part de Monsieur de la Gargouillade, Danseur de l'Opera, continuer les leçons à Mademoiselle Julie.

ORGON.

Qu'il vienne lui-même.

CRISPIN.

Ah! Monsieur, le pauvre homme n'est pas en état d'exercer ses fonctions cabriolantes.

ORGON.

Que lui est-il arrivé?

CRISPIN.

Vous sçavez, Monsieur, vous sçavez que la danse est la rocambole de l'Opera.

Souvent sur la Sce- ne Ly- ri-que,
Et pour ré- chauf-fer la- Mu- si-que,

Par l'ennui l'on est é-touf- fé;
Mon Maitre s'est-tant é-chauf- fé,

B

Qu'un maudit rhume, Qui se ral- lu- me,

En flu-xi-on s'est ar- rê- té Sur sa poi-tri-ne,

Par la doctrine Des Membres de la Facul- té.

ORGON.

Eh! de quoi diable un Danseur s'avise-t-il d'avoir un rhume ? cela ne convient qu'à des Chanteurs.

CRISPIN.

Ce n'est pas le tout ; Monsieur de la Gargouillade en étudiant une Cabriole à l'Italienne, qu'il vouloit placer dans une Musette, s'est donné un tour de reins si terrible!.....

ORGON.

Nous attendrons sa guérison.

CRISPIN.

Gardez-vous-en bien.

Air : *Jouez, violons.*
La danse veut de l'habitude.
ORGON.
Bon ! à quoi sert la folle étude
De se mouvoir au gré d'un air ;
Souvent, avec cet exercice,
Il arrive que le pied glisse.
Jeunes Danseuses du bel air,
Dont la jambe est toujours en l'air,
Dont le jarret paroît si libre,
Quand votre corps perd l'équilibre,
L'honneur, qui fait un contre-tems,
Zeste, trébuche en même-tems.
CRISPIN.
Monsieur, vous faites injure à mon art; permettez-moi de vous dire que vous êtes un ingrat.
ORGON.
Comment ! un ingrat !
CRISPIN.
Oui, Monsieur, un ingrat ; quand vous voyez Mademoiselle Julie avec un port de Reine, les épaules effacées, la tête haute, une poitrine qui s'arrondit avec grace, un petit bout de pied qui se présente en-dehors joliment, une jambe élastique ; une aisance, enfin tout cela ne vous fait-il pas un certain plaisir qui....

ORGON.
Oui, oui, oui...

CRISPIN.
Eh! bien, Monfieur, à qui le devez-vous? A la danfe, à la danfe.

ORGON.
J'en conviens.

CRISPIN.
Il y a des gens qui, voulant s'ériger en Philofophes, prétendent qu'il feroit plus à propos de former le cœur de la Jeuneffe; mais qu'eft-ce que le cœur? A quoi fert le cœur? On ne voit pas le cœur. Parlez-moi des agrémens de la figure : cela frappe les yeux, cela eft palpable; & c'eft pourquoi nombre de Peres & de Meres de famille nous préferent, pour l'éducation de leurs enfans, à ces pédants qui n'enfeignent que de la morale; cela ne conduit à rien.

ORGON.
Vous avez raifon, la mode en eft paffée : mais....

CRISPIN.
Eh! vive la danfe, vive la danfe; je fuis perfuadé que Mademoifelle Julie penfe de même; mais n'eft-ce pas elle que je vois?

SCENE IV.

ORGON, CRISPIN, JULIE.

ORGON.

Oui, Monsieur.

CRISPIN.

Mademoiselle, permettez que j'aie l'honneur de vous donner une leçon, en qualité de Substitut de Monsieur de la Gargouillade.

JULIE.

Volontiers, si Monsieur le permet.

ORGON.

Vous êtes fort votre Maîtresse, Mademoiselle.

CRISPIN.

Allons, Mademoiselle, commençons par le Menuet.

JULIE, *à part*.

Que vois-je ? c'est Crispin, le valet de Clitandre !

CRISPIN, *à voix basse*.

Oui, oui, c'est moi-même. (*Haut.*) Permettez, Mademoiselle....

ORGON.

Doucement ; il n'eſt pas néceſſaire que vous l'approchiez de ſi près.

CRISPIN.

Pardonnez-moi, Monſieur.

ORGON, à Criſpin.

Eh ! non, non, vous dis-je. (*A part.*) Cet homme m'eſt ſuſpect. Obſervons-le.

CRISPIN, à Orgon.

Comme il vous plaira. (*A part.*) Peſte ſoit de l'homme. Allons, Mademoiſelle, placez-vous à la troiſieme poſition.

TA la la la lire, la la la la ; C'eſt

tout au mieux ; Ta la la la li-re, levez

les yeux. Le Pas de Mar- cel, ta la

la la la la la la la; Effa-cez-vous-
là, ta la la la.

SECOND COUPLET.

(*Bas.*)   Je viens pour vous rendre....
(*Haut.*) Ta la la la, formez vos Pas.
(*Bas.*)   Certain billet tendre....
(*Haut.*) Tournez les bras.
(*Bas.*)   Il est de Clitandre,
(*Haut.*) Ta la la la la la la la,
(*Bas.*)   Songez à le prendre...
(*Haut.*) La main là.

(*Il présente le Billet.*)

ORGON.

Alte-là ! qu'avez-vous dans la main ?

CRISPIN, *ayant escamoté le Billet.*

Rien, Monsieur; que voulez-vous dire ?

JULIE, *à Orgon.*

Que craignez-vous ?

ORGON.

Je crains ce que je crains ; mais qu'il acheve sa leçon avec moi, & pour cause.

24 LE BAL BOURGEOIS,

CRISPIN.

Avec vous ?

JULIE, à Orgon.

Je ne vous conçois point.

ORGON.

Oui, avec moi ; Julie apprendra aussi bien en me regardant.

JULIE, à part.

Quel caprice !

CRISPIN.

Il faut vous satisfaire. (*A part.*) Au diable l'extravagant ! (*A Orgon.*) Allons, Mademoiselle...

Marchez à moi, présen-tez-vous; Ne pliez

pas tant les genoux : Que votre gor- ge a-van-

ce. Eh ! tu, tu, tu, Ce corps est tor- tu : Eh !

ton, ton, ton, Redreſſez-vous donc, Le-

vez le men- ton; Un air graci- eux; Fai-

tes les doux yeux; Portez- bien le cou. (Peſ-

A part.

te du vieux fou!) Allons, la révé-ren- ce.

[*Orgon fait la révérence ridiculement.*]

ORGON.

Julie, regardez-bien, & profitez.

JULIE, *à part.*

Je ne puis m'empêcher de rire.

CRISPIN, *à Orgon.*

Fi donc! Mademoiſelle; vous ſaluez des genoux comme une Bourgeoiſe. Une Femme de Condition ſalue de la hanche, de même qu'un Petit-Maître ſalue de l'épaule; un jeune Conſeiller de la chevelure ; un Financier de la main & du ventre ; un Abbé de la tête & des yeux : c'eſt le ſalut qui nous diſtingue, Mademoiſelle ; c'eſt le ſalut qui nous diſtingue.

[*Orgon ſalue de la hanche.*]

CRISPIN.

Fort bien.

JULIE.

Tout au mieux.

CRISPIN.

Faiſons maintenant quelques Pas ; avancez le pied, offrez la poitrine, que les bras tombent nonchalamment. (*Orgon exécute le tout ridiculement.*) Eh ! ce n'eſt pas cela : tenez, imitez - moi ; je baiſſe mes bras comme cela, je les releve ainſi.

(*Il donne un coup à Orgon.*)

ORGON.

Ahi !

CRISPIN.

Monſieur !

ORGON.

Il n'y a pas de mal : continuez.

CRISPIN.

Allons, la Gargouillade, la Pirouette, le Saut de pendu du même tems. Allons, Mademoiſelle, allons donc.

ORGON.
Comment !
CRISPIN.
Donnez-les mains.
ORGON.
Julie, prêtez attention.
CRISPIN.
Allons, sautez.

[*Il fait tomber Orgon, passe par-dessus lui, donne un papier à Julie, en lui disant bas :* Prenez, c'est de la part de Clitandre ; *& s'enfuit.*]

SCENE V.
ORGON, JULIE.

JULIE, *regardant le papier.*

L'ÉTOURDI s'est trompé.

ORGON, *se relevant.*

Ah ! je suis estropié : le bourreau ! où est-il ? Il fait bien de... (*A Julie.*) Qu'avez-vous là ? (*Il prend le papier à Julie.*) Ah ! ah ! Monsieur le Maître à Danser, Monsieur de la Gargouillade, une lettre !

(*Il lit.*) » Mémoire des avances que moi,
» Crispin, ai faites pour mon ancien
» Maître, Monsieur de Courtenville, pour
» cent bouteilles de vin de Champagne,
» pour douze paires de bas de soye cou-
» leur de rose à coins verds..... Quelles
sottises ! ah ! çà, Julie, je ne veux plus que
vous ayez de Maître à danser ; parmi ces
Messieurs-là, il y en a qui se mêlent de
plus d'un métier.

Air : *Routes du monde.*

Un Maître à danser bien souvent,
Sous le pretexte décevant
De montrer à son Ecoliere,
A se tenir, à bien marcher,
Lui montre en secret la maniere
Et le moyen de trébucher.

JULIE.

Vous me faites injure.

ORGON.

Outre cela, je retranche les Bals que j'ai coutume de vous donner, & voici le dernier ; c'est dans ces assemblées tumultueuses que la Jeunesse est le plus exposée.

LE BAL BOURGEOIS;

SCENE VI.

ORGON, JULIE, CRISPIN,
avec un méchant habit rouge, un violon pendu à la boutoniere, une emplâtre sur l'œil, & boitant.

CRISPIN.

MOnsieur, je suis, de tout mon cœur, Votre humble servi- teur, Monsieur. Ma-de- moi-

sel- le, j'ai l'honneur D'ê- tre vo-tre servi-

teur; Je viens i- ci, ne vous dé- plaise, Pour

faire briller mon ta- lent. Je suis un nou-

OPERA-COMIQUE.

veau Pergo- le- ze, Je passe pour homme excel-lent, Je passe pour homme excel- lent. Au-cun virtu- ose Si bien ne compo- se: J'ap-porte i- ci, pour vos con- certs, Des airs Qui doivent charmer l'Uni- vers, Des airs Qui doivent charmer l'Uni- vers.

ORGON.

Monsieur, je ne reçois, dans mes Concerts, que des gens de ma connoissance.

CRISPIN.

J'arrive pourtant de cent lieues tout exprès, inftruit par la Renommée de votre goût pour les belles chofes ; j'ai penfé que vous feriez un accueil favorable aux talens que je poffede ; je fuis Compofiteur, Poëte, Symphonifte, Chanteur; ma Mufique eft divine, ma Poëfie délicieufe, mon Violon vaut tout un Orcheftre, & perfonne ne poffede comme moi le goût du chant, que j'enfeigne auffi fupérieurement.

JULIE, *à part.*

Je crois que c'eft encore Crifpin : l'étrange déguifement !

ORGON.

Monfieur, à votre modeftie, je vous reconnois pour un Virtuofe. (*A part.*) Le fingulier perfonnage !

CRISPIN.

Vous riez de ma figure ; mais, *fructus belli*, Monfieur, *fructus belli*.

JULIE.

Monfieur a été dans le fervice ?

CRISPIN.

Oui, Madame, j'ai été trois ans au fervice

vice de l'Opera de Pequin en qualité de Capitaine des Violons.

ORGON.

L'Opera de Pequin ?

CRISPIN.

Le goût de la Musique est universel; il s'étend à présent jusques chez les Hurons & les Chiroquois; vous ne sçauriez croire, par exemple, combien nous avons d'Opera Sauvages.

JULIE.

Vous m'étonnez !

CRISPIN.

Je conduisois l'Opera de Pequin, comme j'ai eu l'honneur de vous le dire, & c'est-là que j'ai reçu les blessures glorieuses qui m'ont mis dans l'état où vous me voyez, par un accident que je vais vous raconter.

ORGON.

Je suis curieux de l'apprendre.

CRISPIN.

Je faisois exécuter un Opera de ma Composition; je commence l'ouverture d'une façon brillante, tourelon, relon, ton, ton, routon; tout alloit bien jusqu'à l'allegro; mais j'avois à faire à des chiens de Symphonistes qui avoient des bras de cotton; je frappe fortement pour les exciter; zingredi, zingredi, zingredin; paf, je m'embroche le pied dans un clou.

(*Il imite ridiculement l'action d'un symphoniste.*)

JULIE.

Ah! Ciel!

CRISPIN.

Cela ne me déroute point, & plus animé qu'auparavant, zingredi, zingredi, zingredin; paf, je me créve l'œil d'un coup d'archet.

JULIE.

Ahi!

CRISPIN.

Cela ne m'arrête point.

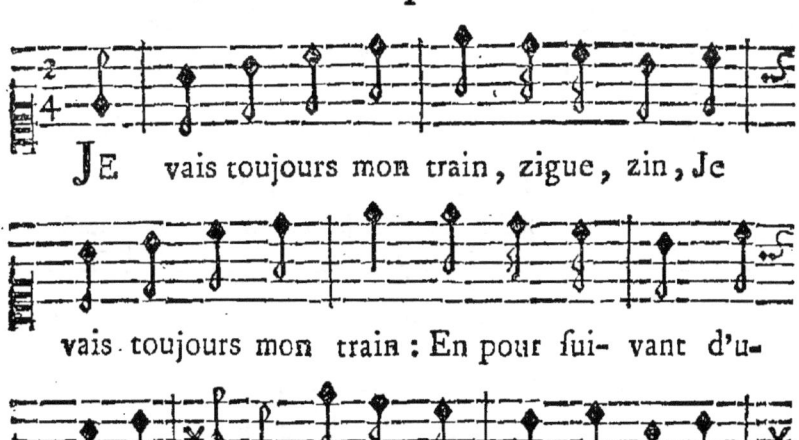

Je vais toujours mon train, zigue, zin, Je vais toujours mon train: En poursuivant d'une main sû-re, Toujours fidele à la me-

OPERA-COMIQUE. 35

fu-re, Mon vi-o-lon soutient le ton, Zigue,

zin, zigue, zon ; zigue, zigue, zigue, zon.

Brave-ment je pousse, ti-re, li-re,

li-re, Tout le monde m'ad-mi-re, li-re,

li-re. J'en-leve le brouha, ah! ti-re li, li-re

lon, ti-re li, li-re la. Le Public voyant ce-

la, Fait, cli, cla, cla, cla, cla, cla, cla.

C ij

ORGON.

Voilà un courage héroïque!

CRISPIN.

Si mes talens peuvent vous être agréables, Monsieur & Madame....

ORGON.

Mais, Monsieur, si l'on en doit juger par l'échantillon de votre voix....

CRISPIN.

Je vous entends, Monsieur, c'est encore un des accidens de ce jour-là; j'ai oublié de vous dire que j'avois ma colophane entre les dents, pour être plus à portée d'entretenir le mordant de mon archet, zingredin, zingredin, zin, zin; vous comprenez bien?

ORGON.

Oui, oui.

CRISPIN.

Sans songer à cela, je voulus animer mes Symphonistes de la voix, & en prenant mon haleine, glouc, j'avale ma colophane, c'est ce qui m'a rendu le gosier un peu raboteux.

ORGON.

Et vous ne montrez plus le goût du Chant?

CRISPIN.

Pardonnez-moi, Monsieur, je me suis pourvû d'une autre voix : je l'ai laissée à la porte, & j'attendois vos ordres pour la faire entrer.

ORGON.

Comment ! que voulez-vous dire ?

CRISPIN.

On a un Prevôt pour la Danse, j'en ai un pour le Chant ; cela est tout naturel.

ORGON.

Oh ! oui, je vous entends. (*A part.*) Ce borgne est encore un émissaire de Clitandre, & nous allons peut-être voir ce Clitandre lui-même. (*Haut.*) Faites entrer votre voix. (*A part.*) Je suis bien-aise d'approfondir cela.

JULIE.

Ah ! que je vous suis obligée ! il y a long-tems que je n'ai plus de Maître de Musique, & je crains d'oublier.

SCENE VII.

Les Acteurs précédens, CLITANDRE.

CLITANDRE.

Monsieur & Madame........

ORGON.

Sans compliment, passez de ce côté, & vous aussi, Monsieur le Virtuose. (*A part.*) Qu'ils ont l'air interdit! allons, courage, Monsieur le Prevôt, chantez un petit air.

CLITANDRE.

A Mes re-gards, jeu-ne Beau- té, Que

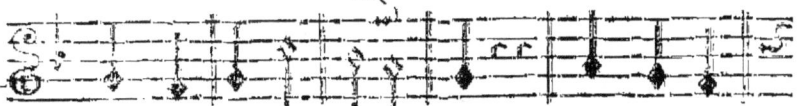

vous offrez de char- mes! Sans regret-

ter sa li- ber- té, Un cœur vous rend les

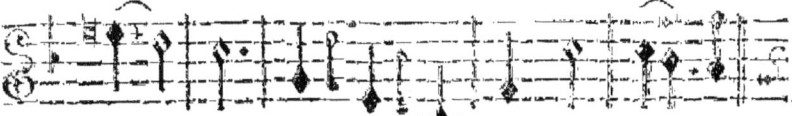

mes. Heureux qui peut, à tout mo-

ment, Vous parler de sa flamme,

Mais plus heureux encor L'Amant qui

regne sur votre ame,

S'il ne se flattoit d'obtenir
Le prix de sa constance ;
Comment pourroit-il soutenir
Un seul moment d'absence ?
Il languiroit dans les desirs ;
Mais l'espoir l'encourage :
Et ses tourmens font des plaisirs,
S'il sçait qu'on les partage.

CRISPIN, *à Orgon*.

Eh ! bien, Monsieur, comment trouvez-vous ma voix ?

ORGON.

Très-jolie, très-jolie. (*A part.*) Oui, oui, je ne me trompe pas.

CRISPIN.

Nous allons, pour essayer les talens de Mademoiselle, exécuter un petit *Duo*.

ORGON.

Oui dà, je le veux bien. (*A part.*) J'aurai le tems de les examiner.

CRISPIN.

Mademoiselle, voilà votre partie.

ORGON.

Doucement, que je la voye : quel autre papier tenez-vous-là ?

CRISPIN.

Je vous destine la deuxiéme partie chantante.

ORGON.

Voyons, fort bien : que votre Prevôt l'exécute ; tenez, Julie.

CRISPIN.

Il est bon de vous dire que c'est un *Duo* de tendresse, & comme il est naturelle que vous & Mademoiselle ressentiez l'un pour l'autre des sentimens, dont l'accord singulier.....

ORGON.

Abrégeons, abrégeons.

CRISPIN.

Cela posé, vous aurez la bonté de prendre pour vous tout ce que Mademoiselle

OPERA-COMIQUE. 41

va chanter, & de vous imaginer que mon Prevôt lui répondra au lieu de vous: vous comprenez-bien ; imaginez-vous cela.

ORGON,
Oui, oui.

CRISPIN.
Et pendant que mon Prevôt chantera, vous ferez les geftes.

ORGON.
Fort bien.

DUO.

CLITANDRE.
Si l'amant le plus fincere
  Sçait vous plaire,
Daignez faire fon bonheur.

JULIE.
Si fon cœur tendre & fincere
  Perfévere,   (bis.)
Je veux faire fon bonheur.

CLITANDRE.
  Sa tendreffe
  Vous en preffe,
Rendez-vous à fon ardeur.

JULIE.
  Sa tendreffe
  M'intéreffe,
Et je cede à fon ardeur.

CLITANDRE.

Quel bien suprême !
Oui, je vous aime,
Oui.

JULIE.

Oui.

CLITANDRE.

Oui.

JULIE.

Oui.

ENSEMBLE.

JULIE.	CLITANDRE.
Mais de même,	Ah ! de même,
Dites : j'aime,	Oui, de même,
J'aime, j'aime.	J'aime, j'aime.

JULIE.

Je m'engage.

CLITANDRE.

Je m'engage.

JULIE.

Sans partagè,
Sans détours.

CLITANDRE.

Sans partage,
Sans détours.

JULIE.

Je m'engage
Pour toujours.

CLITANDRE.

Je m'engage
Pour toujours.

JULIE.

Sans partage,
Sans détours.

CLITANDRE.

Sans partage,
Sans détours.

JULIE.

Je m'engage
Pour toujours.

CLITANDRE.

Je m'engage
Pour toujours.

ENSEMBLE.

Vous m'aimez, j'en ai l'assurance :
L'espérance soutient mon cœur.
Soyon toujours d'intelligence.
L'espérance soutient mon cœur. [bis.]
Votre constance
Fait mon bonheur,
Oui, oui, fait mon bonheur.

CRISPIN.

Ah ! Monsieur Orgon, que vous êtes heureux d'être aimé si tendrement !

ORGON.

Je sçais à présent à quoi m'en tenir :

Monsieur le Prevôt, faites-moi la grace de vous retirer ; on vous avertira lorsqu'on aura besoin de vous.

[*Clitandre se retire en faisant une révérence : Orgon se retourne pour voir s'il sort ; Crispin s'approche de Julie pour donner la Lettre, & la serre voyant qu'Orgon le regarde.*]

SCENE VIII.
ORGON, JULIE, CRISPIN.

ORGON.

ET vous, Monsieur le Musicien, faites-moi le plaisir de....

CRISPIN.

Comment trouvez-vous mon air ?

ORGON.

A merveilles ; mais....

CRISPIN.

Ah ! Monsieur Orgon, vous prouvez bien l'excellence de votre goût : que je vous embrasse.

(*Il l'embrasse, & tend la Lettre à Julie par-dessus les épaules d'Orgon, qui se retourne brusquement & la saisit.*)

ORGON.

Qu'est-ce que c'est que ça ?

CRISPIN.
Chut ! chut !
ORGON.
Comment ! chut !
CRISPIN.
Oui, *motus*.
ORGON.
Eloignez-vous, Julie.

(*Elle sort.*)

SCENE IX.
ORGON, CRISPIN.

ORGON.

Monsieur.
CRISPIN.
Monsieur.
ORGON.
Je voudrois bien sçavoir...
CRISPIN.
Ce que c'est que cette Lettre ; n'est-ce pas ? je vais vous le dire : c'est une Lettre amoureuse.
ORGON.
Je m'en doute bien. De quelle part ?

CRISPIN.

De la part de quelqu'un qui se connoît en mérite.

ORGON.

Et elle s'adresse....

CRISPIN.

Oui, Monsieur.

ORGON.

A qui ?

CRISPIN.

A qui ? Diable !

ORGON.

A qui ?

CRISPIN.

A une personne capable d'inspirer l'attachement le plus tendre.

ORGON.

A qui, encore une fois ?

CRISPIN.

A qui ? à vous même.

ORGON.

Ah ! ah ! voilà qui est singulier ! Lisons.

CRISPIN, *faisant quelques pas pour sortir.*

Oui, lisez.

ORGON.

Un moment, Monsieur le Virtuose.

CRISPIN

Je ne m'en vais pas, Monsieur ; je n'ai garde, je me promene.

ORGON.

Vous vous promenerez tantôt, restez-là. (*Il lit.*) " Je vous envoye quelqu'un " de sûr pour vous informer de mes pro-" jets.

CRISPIN.

Oui, Monsieur.

ORGON, *continue.*

" Ils vous paroîtront peut-être étranges; " mais dans la situation où nous sommes, " il faut passer sur bien des choses.

CRISPIN.

Oui, Monsieur, sur bien des choses.

ORGON, *continuant.*

" Mes vues sont légitimes, tout vous " autorise : déterminez-vous, & me faites " réponse, le tems presse.

CRISPIN.

Oui, Monsieur, très-fort.

ORGON.

Et vous prétendez.....?

CRISPIN.

Oui, Monsieur : connoissez-vous la Marquise de Flancsec ?

ORGON.

Sans doute.

CRISPIN.

Y a-t-il long-tems que vous ne l'ayez vûe ?

LE BAL BOURGEOIS,

ORGON.

Vingt-cinq ou trente ans.

CRISPIN.

La reconnoîtriez-vous bien ?

ORGON.

Ma foi, je ne sçais pas ; mais, qu'est-ce que cela a de commun....

CRISPIN.

C'est elle qui vous écrit.

ORGON.

Madame la Marquise de Flancsec ?

CRISPIN.

Oui, Monsieur.

Air : *Comme un passager sur l'Onde.*

Vous l'enflammez comme meche,
Et son cœur qu'amour desseche,
Vous désire tous les jours ;
De même qu'un terrein aride,
Brûlé sous la Zône-Torride,
De la pluie attend le secours.

Elle n'a point cessé de s'occuper de votre aimable personne, elle ne peut plus vivre sans vous ; dans la situation où vous êtes, (remarquez-bien les termes de la Lettre,) dans la situation où vous êtes l'un & l'autre : c'est-à-dire, à votre âge, on prend peu garde à qui doit faire les avances

cés : fes vûes font légitimes ; (encore la Lettre.) Elle veut vous époufer, & vous donne par Contrat deux cent mille francs.

ORGON.

Ceci change la thèfe ! Elle vous a envoyé exprès de cent lieues ?

CRISPIN.

Elle eft à Paris, Monfieur : elle vous a vû l'autre jour par hazard, elle a remarqué dans votre perfonne un certain accord harmonique, elle vous trouve une certaine figure cromatique, un regard majeur, qui tout à coup paffant dans le Bemol... Enfin vous êtes à l'uniffon de fon cœur.

ORGON.

Voudriez-vous-bien m'en faire le portrait ?

CRISPIN.

Oui, Monfieur : c'eft une blonde....

ORGON.

Point du tout, c'eft une brune.

CRISPIN.

Elle s'eft corrigée de cela, elle a maintenant les cheveux d'un blond de quatre-vingts-ans le plus agréable du monde : c'eft une femme charmante qui teffe fon

D

vin de Champagne, qui aime la danse, le plaisir! se porte à merveille, à cela près de quelques petites dissonnances de tempérament, de quelques petites fiévres tierces ou quartes, de quelques fausses quintes de toux. Ah! vous en serez charmé : voici un petit brillant de cinq cent pistoles, (*A part.*), qui ne vaut pas cent sols.... qu'elle m'a chargé de vous offrir de sa part.

ORGON.

Ceci mérite attention.

CRISPIN.

Air : *Tâtez-en, tourelourirette.*

La dose de son âge est forte,
Mais celle de son bien l'emporte ;
Mettez l'un & l'autre à profit,
Formez le nœud quelle souhaite ;
Croyez-moi, faites-en emplette,
Si le cœur vous en dit.

ORGON.

Cette Dame me fait honneur & plaisir : dites-moi sa demeure.

CRISPIN.

Elle viendra, Monsieur, & je vais la chercher.

ORGON.

Eh! dites-moi, je vous prie : ce jeune

homme qui eſt venu avec vous ; quel eſt-il ?

CRISPIN.

C'eſt mon Prevôt, comme je vous ai dit ; je l'ai introduit afin que Mademoiſelle votre Pupille ne ſoupçonne pas que....

ORGON.

J'entends, j'entends, il faut de la prudence. Allez donc.

CRISPIN.

J'y cours.

SCENE X.

ORGON, *ſeul*.

S'IL dit vrai, c'eſt pour moi un avantage conſidérable, & je l'épouſerai... cependant :

Air : *O gué, lon la.*

Ma pupille gentille
   M'échappera :
Non, au couvent la grille
   M'en répondra ;
Dès que la Vieille partira,
   Elle en ſortira,
   Et m'épouſera,
O gué, lon, la, lan, lere,
   O gué, lon, la.

Cette Marquise aime la gaité, je la divertirai tant qu'une indigestion de plaisir l'enlevera un beau matin : il faut que j'aille donner quelques ordres pour sa réception. Julie, venez-çà.

SCENE XI.

ORGON, JULIE.

ORGON.

IL va venir ici une Dame d'un certain âge, je vous prie de lui faire accueil ; ne lui parlez de rien, notre mariage sera retardé de quelques jours.

JULIE.

Comment ! Monsieur.

ORGON.

Ne t'inquiéte pas, ma Poule ; tu n'attendras pas long-tems.

OPERA-COMIQUE.

SCENE XII.
JULIE, *seule*.

Air: *Dans ce verger*.

AH! quel tour- ment, En ai- mant, D'être réduit à feindre! Doit-on toujours souffrir, Lan- guir, Sans o- ser se plaindre? D'un cœur sur- pris, Trop é- pris, Si les feux font à craindre, Trop auste- re ver-

LE BAL BOURGEOIS,

tu, En-seignes- tu A les é- tein-

dre? L'Amour offre à mon cœur Un bien flat-

teur, Et l'honneur, Dieux! quel mar- ti- re!

Et l'honneur Veut me l'inter- di- re!

Quel tour-ment, En ai-mant, D'être réduit

à feindre! Doit-on toujours souffrir, Tou-

jours lan- guir, Et se con- train- dre? Ce

OPERA-COMIQUE.

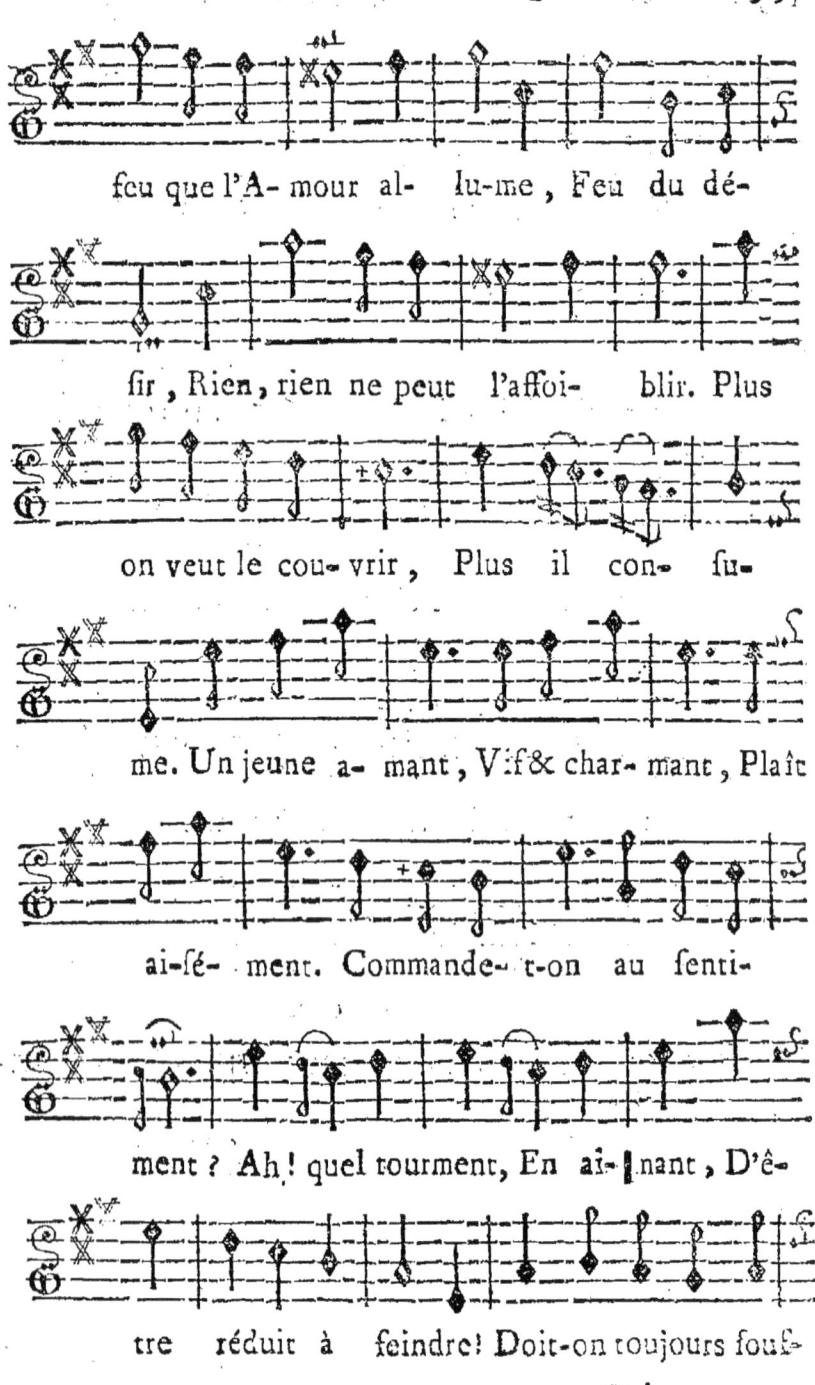

feu que l'A-mour al- lu-me, Feu du dé-

sir, Rien, rien ne peut l'affoi- blir. Plus

on veut le cou-vrir, Plus il con- su-

me. Un jeune a- mant, Vif & char-mant, Plaît

ai-sé- ment. Commande-t-on au senti-

ment? Ah! quel tourment, En ai-mant, D'ê-

tre réduit à feindre! Doit-on toujours souf-

D iv

LE BAL BOURGEOIS,

frir, Lan- guir, Sans o-fer fe plaindre?

D'un cœur fur- pris, Trop é- pris, Si les

feux font à craindre, Hé-las! trifte ver-

tu, A quoi donc nous fers-tu ? En- feigne

à les é- tein- dre.

Voici mon tuteur, cachons-lui mon in-
quiétude.

(*Elle fort.*)

SCENE XIII.
ORGON, CRISPIN, *en Vieille.*
CRISPIN.

J'AI resté fille jusqu'à présent pour l'amour de vous.

Air : *Grisélidis.*

A- Vec persé- ve rance J'ai toujours combat-

tu, Le tout pour la dé- fen-se D'u- ne fie-

re ver- tu : Aussi je dis Qu'il faut la pa-ti-

en- ce Qu'avoit au tems jadis Gri-sé- li dis.

ORGON, *à part.*
La vieille folle !

CRISPIN.

Je vous choisis, parce que vous n'êtes point de ces foux qui préférent les agrémens passagers de la jeunesse aux traits formés d'une Beauté sexagenaire.

ORGON.

Vous avez raison, la jeunesse est sujette à trop d'écarts, & l'honneur d'un mari...

CRISPIN.

Le vôtre ne court aucun risque avec moi.

ORGON.

J'en suis persuadé.

CRISPIN.

Air : *Vieillards de Thesée.*

Aux galants j'ai toujours fait la nique :
 Oui, je suis unique
 Sur un tel point.
 Pour eux toujours altiere,
 Je suis femme entiere,
 Comme l'on n'en trouve point.
 Fillette gentille,
 Qui rit & babille,
 M'amuse bien plus
 Que toute la guenille
 De leur Phébus.

Laissons cela, venons à nos affaires ;

OPERA-COMIQUE.

je descends en ligne diagonale des plus nobles Maisons : ma famille vous est connue, je vous ai déclaré mon bien, je vous le donne en vous épousant, & pour vous prouver ma franchise, je vais vous faire un dédit de dix mille écus. Voilà du papier fort à propos.

ORGON, *pendant qu'elle écrit.*

On ne peut rien de plus gracieux !

Air : *Tout roule aujourd'hui dans le Monde.*

Ma foi, ma foi, laissons-la faire :
Après tout je ne risque rien.
Je ne fais pas mauvaise affaire,
Elle me donne tout son bien ;
Qu'importe que chacun me fronde ?
De cet objet je suis tenté.
L'argent l'emporte, dans le Monde,
Sur l'esprit & sur la beauté.

CRISPIN.

Voilà qui est fait : tout ce que je vous recommande, c'est le secret ; car j'ai un neveu, Capitaine de Houssards, qui est d'une brutalité sans bornes : il compte sur ma succession, & il n'épargneroit rien pour rompre ce mariage qui l'en frustrera.

ORGON.

Fiez-vous à ma discrétion.

LE BAL BOURGEOIS,

CRISPIN, *pleurant.*

Croiriez-vous que le coquin travaille à me faire interdire?

ORGON.

Quelle injustice!

CRISPIN

Air : *Mon petit chou.*

Hâtons-nous, mon cher a- mant, De for- mer ce

nœud charmant. Ah! quel ra-vissement! Quand vien-

Crispin.

dra ce moment? Ma poule, ma mi- e, Mon p'tit

ENSEMBLE.

chou. J'en meurs & d'amour & d'en- vie, Voyez-

vous! J'en meurs & d'amour & d'en- vi- e.

CRISPIN.

Ne songeons donc plus qu'à nous réjouir ; je suis née dans le plaisir ; j'ai vécu dans le plaisir, & je mourrai dans le plaisir.

ORGON.

C'est bien dit ; allez, laissez-moi faire ; je ferai si bien que le tems ne vous durera pas.

CRISPIN.

Ah ! que je vais donc bien me divertir, lorsque (*Il tousse.*) nous serons ensemble !

ORGON.

Vous toussez fort.

CRISPIN.

Ce n'est rien ; le mariage emportera cela.

ORGON.

J'y compte bien : qu'est-ce qui nous vient encore ici ?

SCENE XIV.

ORGON, CRISPIN, *en Vieille*, CLITANDRE, *en Fripier*, avec une longue & large redingotte.

CLITANDRE.

Monsieur, ce sont les Dominos que vous avez demandés à Monsieur Zorobabel votre Marchand Fripier ordinaire.

ORGON.

Ah ! je sçais : vous êtes donc un nouveau garçon ? je ne vous ai pas encore vû chez lui.

CLITANDRE.

Non, Monsieur, je ne suis pas son garçon ; mais je suis son Associé : il a le district de la Boutique, & moi j'ai le district du Magasin ; je fais les habits, & quand je prends la taille, j'habille si juste, si juste, qu'il n'y a rien de si juste.

ORGON.

Oui ; témoin mon dernier habit que je n'ai jamais pû boutonner.

CLITANDRE.

Je n'épargne pourtant pas l'étoffe.

OPERA-COMIQUE. 63
ORGON.

Non, pour vous, il y paroît; voyons vos Dominos.

CRISPIN, *à Orgon.*

Pourquoi faire ces Dominos ?

ORGON.

Je donne ce soir Bal pour divertir ma Pupille, que je remets demain au Couvent.

CRISPIN.

Vous donnez bal, Monsieur ? Ah ! quel plaisir ! le Bal est ma folie.

Air : *Du Triomphe du Tems.*

Lorsque ma toux me met en peine,
 Je la méne tambour battant,
  Tant, tant, tant.
 Ma voix s'éteint, mais je reprens haleine,
  Tan, tan, tan, tan, tan,
   Tout en sautant.   (*bis.*)

CLITANDRE, *à Orgon.*

Monsieur, voilà un Domino couleur de rose & argent.

ORGON.

Comment ! comment ! je vous ai dit que je ne voulois rien d'apparent.

CLITANDRE.

En voici un autre qui est feuilles mortes.

ORGON.

Bon; je prends celui-ci.

CRISPIN.

Et moi l'autre; il est à propos que je me déguise pour n'être point reconnu, si le hazard amenoit mon Neveu.

ORGON.

Vous ferez fort bien. (*Il appelle.*) Julie, Julie.

CLITANDRE, *bas à Crispin*.

As-tu réussi auprès de Julie ?

CRISPIN.

Donnez-vous patience : vous allez la voir ; ne faites semblant de rien.

SCENE XV.

Les Acteurs précédens, JULIE.

ORGON, *à Julie*.

JE vous permets pour la derniere fois le plaisir de la danse, à condition que vous ne vous ferez pas connoître, que vous serez toujours à côté de moi, & que vous ne profererez pas une seule parole, telle chose qu'on vous dise.

JULIE.

JULIE.

Vous ferez satisfait.

ORGON, *lui montrant le Domino qui est sur une chaise.*

Voilà le Domino que vous mettrez ; le capuchon y est-il ?

CLITANDRE.

Oui, Monsieur, très-grand & très-ample.

ORGON.

C'est comme je l'ai demandé.

CRISPIN, *à Clitandre.*

Aidez à présent à Mademoiselle. (*A Orgon.*) Me trouvez-vous bien ?

ORGON.

Très-bien.

CRISPIN.

Air : *Dérouillons.*

A bien danser tenons nous prêts ;
Dérouillons, dérouillons, je vous prie,
Dérouillons, dérouillons nos jarrets.

(*Il fait danser Orgon sur la Ritournelle qui suit.*

CRISPIN.

Air : *L'asthmatique de Rameau.*

Je me sens...
Hors d'haleine....
Quelle peine !...
Quelle gêne !...
Je me sens...
Hors d'haleine...
Quelle peine !
Je me rends.

E

LE BAL BOURGEOIS,

ORGON.

Revenez, ma charmante.

CRISPIN.

Soutenez votre amante.

ORGON.

Que se disent-ils tout bas?

CRISPIN.

Ah! ne m'abandonnez pas.

JULIE, *bas à Clitandre*.

Ma tante ap- prouve votre ardeur; Je dois
Clitandre. *Orgon.*
me rendre. Ah! quel bon-heur! Respi- rez
Crispin. *Crispin & Orgon.*
cet- te li- queur Je vous rends grace. Mon
Crispin.
pe- tit cœur. Ce-la se pas-se, pas-se, pas-se;
Je vous rends grace, Mon pe- tit cœur.

Allons, allons, ce n'est rien ; & me voilà prête à danser de plus belle.

ORGON.

Je vous aime de cette humeur. Monsieur le Frippier, Monsieur le Frippier !

CLITANDRE.

Monsieur !

ORGON.

Vous êtes bien longtems à passer un Domino ?

CLITANDRE.

Voilà qui est fait ; Mademoiselle est-elle mise à votre gré ?

ORGON.

Fort bien.

CLITANDRE.

Choisissez parmi ces masques.

CRISPIN.

Je prends celui-ci.

ORGON, *à Julie.*

Voilà le vôtre. (*A Clitandre.*) Combien vous faut-il, Monsieur le Frippier ?

CLITANDRE.

Vous vous moquez, Monsieur ; vous payerez le tout à la premiere occasion.

ORGON.

Laissez-nous donc, on frappe ; le monde s'assemble, je cours le recevoir. (*A Julie.*) Songez à ce que je vous ai dit ; toujours auprès de moi, & pas un mot. (*Il sort.*)

SCENE XVI.
JULIE, CRISPIN.

CRISPIN.

EH! bien, Mademoiselle, votre cher Clitandre vient sans doute de vous mettre au fait ? Nos projets sont-ils de votre goût ?

JULIE.

Beaucoup, mais....

CRISPIN.

Il n'est pas question de mais.... nous agissons, vous le sçavez, par ordre de Madame votre Tante : votre Tuteur doit demain vous conduire au Couvent.

JULIE.

Ceci me détermine.

CRISPIN.

Prévenons-le. Suivons notre dessein ; on vient : je vais vous le détailler à l'écart.

SCENE XVII.

Les Acteurs précédens, LES GENS DU BAL,
ORGON.

(*Crispin & Julie paroissent après avoir fait un troc de leurs Dominos & de leurs Masques, de façon que Crispin passe pour Julie, & Julie passe pour Crispin, Orgon prend Julie pour danser, la croyant la vieille Marquise.*)

ORGON, *à Julie.*

Allons, Madame, un Menuet à nous deux. (*Ils dansent.*) (*On frappe.*)
Qui diantre frappe ainsi ?

SCENE XVIII.

Les Acteurs précédens, CLITANDRE, *en Capitaine de Houssards, avec de larges moustaches.*

CLITANDRE, *entrant brusquement.*

Alte-là ! Messieurs, que personne ne bronche ; je cherche ici... (*A Julie.*) Ah ! c'est vous-même ; je vous reconnois à ce Domino : le Frippier m'a inftruit de tout. Ventrebleu ! ma Tante, j'apprends de belles nouvelles ! vous voulez prendre un Mari pour me deshériter ! Oh ! parbleu, j'y mettrai bon ordre. Vous avez jadis eû foin de ma conduite ; c'eft à moi maintenant à veiller fur la vôtre.

ORGON, *à Julie.*

Vous endurez cela, Madame, parlez-lui donc.

JULIE, *touffe en imitant Crifpin.*

Hou ! hou ! hou !

CLITANDRE.

Quel eft le fat
Qui la courtife,
Et le pied plat
Qui l'autorife
Dans fa fottife ?
Qu'on me le dife.

ORGON.

Point de courroux.

CLITANDRE.

N'eft-ce point vous ?
Qu'on me le dife.

ORGON.

Ce n'eft point moi...
Parlez.

CLITANDRE.
Hen, quoi !
ORGON.
Ce n'est pas moi.
CLITANDRE.
Ce n'est pas toi ?
D'un coup de sabre,
Flin, flan, flah,
Je le délabre
Dans un instant,
Je le délabre.

ORGON.
Ce n'est pas moi.
CLITANDRE.
Ce n'est pas toi ?
Que l'on me dise
Qui la courtise,
Qui l'autorise
Dans sa sottise ;
Je fais voler avec ce fer
Sa tête en l'air
Comme un éclair :
Je fais rouler sa tête en bas,
D'un tour de bras,
A deux cents pas ;
Voler, rouler sa tête en bas,
A deux cents pas.

ORGON.
Ah ! quel homme !

LE BAL BOURGEOIS,

CLITANDRE, *à Julie.*

Air : *A l'envers.*

Allons, Madame ; dépêchez,
Marchez, marchez.
(*Se tournant vers l'assemblée.*)
Parmi vous si quelqu'un soufle,
D'un revers,
Je vous jette le maroufle
A l'envers.

(*Il emmene Julie, qui fait un signe d'adieu à Orgon.*)

SCENE XIX, & derniere.
ORGON, CRISPIN, LES MASQUES.

ORGON.

MOn mariage est rompu ; mais ce qui me console, c'est que ce brillant est un très-bon effet, & nous verrons ce que l'on pourra faire du dédit. (*A Crispin qui veut sortir.*) Où allez-vous, Julie ?

CRISPIN, *se démasquant.*

Suivre mon Maître, qui conduit Julie chez sa Tante Dorimene.

ORGON.

Ciel ! que vois-je ? je suis assassiné ! tu es du complot, maudite Vieille !

OPERA-COMIQUE.

CRISPIN.

Vous me faites tort ; Monsieur, je ne mérite pas plus cette qualité que celle de Maître à danser & de Musicien ; je suis le Valet de Clitandre.

ORGON.

Ah ! traître, tu me répondras de tout.

[*Orgon veut courir après Crispin : les masques l'arrêtent en dansant autour de lui ; ce qui forme une contredanse, à la fin de laquelle il s'échappe & les masques le suivent.*]

VAUDEVILLE.

D'U- ne certai-ne fa- çon, Il faut a-gir en ten-dresse : Un peu d'art, un peu d'a-

dresse, Triom- phe de la rai- son ; Lan-

D'une certaine façon,
Un certain défir s'exprime :
Filles dont le cœur s'imprime
Des attraits d'un beau Garçon,
Baiffez les yeux d'un air tendre,
D'une certaine façon ;
Parlez-lui d'un certain ton :
Vous fçavez vous faire entendre,
Quand vous voulez vous y prendre
D'une certaine façon.

D'une certaine façon,
Avec sa femme il faut vivre ;
Aux soupçons, fou qui se livre :
L'Enfer est dans la maison.
Si l'Epouse est trop volage
D'une certaine façon,
Le courroux est de saison :
Mais ne faites point tapage,
Pour le peu qu'elle soit sage
D'une certaine façon.

D'une certaine façon,
Aux Joueuses sans ressource
Un Traitant offre sa bourse,
Sans Billet ni caution :
A l'accepter on hésite
D'une certaine façon.
On se fait une raison ;
De cet argent on profite,
Et le tems vient qu'on s'acquitte
D'une certaine façon.

D'une certaine façon,
D rine reçoit grand Mon le ;
Chez elle chacun abonde,
Cela fonde la maison ;
Elle arrive de Bretagne

D'une certaine façon.
Peut-on en médire ?.. Non :
La foule qui l'accompagne
Sont des Cousins de Campagne
D'une certaine façon.

D'une certaine façon,
On soumet Fille novice ;
Et dans son cœur sans malice
L'Amour glisse son poison.
Un Plumet amoureux d'elle
D'une certaine façon,
Sous un masque de raison,
Fait si bien l'amant fidele,
Qu'il épouse enfin la Belle
D'une certaine façon.

D'une certaine façon,
On parvient à la fortune ;
Vous qui voulez en faire une
Retenez cette leçon :
D'une femme on se renomme,
D'une certaine façon ;
Elle vous donne un Patron :
Soyez actif, œconome :
Il suffit d'être honnête-homme
D'une certaine façon.

FIN.

PRIVILÉGE DU ROI.

LOUIS PAR LA GRACE DE DIEU, ROI DE FRANCE ET DE NAVARRE : A nos amés & féaux Conseillers, les Gens tenant nos Cours de Parlement, Maîtres des Requêtes ordinaires de notre Hôtel, Grand-Conseil, Prévôt de Paris, Baillifs, Sénéchaux, leurs Lieutenans Civils & autres nos Justiciers qu'il appartiendra, SALUT. Notre amé le Sieur FAVART, Nous a fait exposer qu'il désireroit faire imprimer, réimprimer & donner au Public, *les Oeuvres de sa Composition*, s'il nous plaisoit lui accorder nos Lettres de Privilége pour ce nécessaires. A ces causes, voulant favorablement traiter l'Exposant, Nous lui avons permis & permettons par ces présentes, de faire imprimer & réimprimer lesdites Oeuvres autant de fois que bon lui semblera, & de les vendre, faire vendre & débiter par tout notre Royaume pendant le tems de *quinze années* consécutives, à compter du jour de la date des Présentes. Faisons défenses à tous Imprimeurs, Libraires, & autres personnes de quelque qualité & condition qu'elles soient, d'en introduire d'impression ou de réimpression étrangere dans aucun lieu de notre obéïssance, comme aussi d'imprimer ou réimprimer, faire imprimer ou réimprimer, vendre & débiter lesdites Oeuvres, ni d'en faire aucuns extraits sous quelque prétexte que ce puisse être, sans la permission expresse & par écrit dudit Exposant, ou de ceux qui auront droit de lui, à peine de confiscation des Exemplaires contrefaits, de trois mille livres d'amende contre chacun des contrevenans, dont un tiers à Nous, un tiers à l'Hôtel-Dieu de Paris, l'autre tiers audit Exposant, ou à celui qui aura droit de lui, & de tous dépens, dommages & intérêts : à la charge que ces présentes seront enregistrées tout au long sur le Regiftre de la Communauté des Imprimeurs & Libraires de Paris, dans trois mois de la date d'icelles ; que l'impression & réimpression desdites Oeuvres sera faite dans notre Royaume & non ailleurs, en bon papier & beaux caracteres, conformément à la feuille imprimée, attachée pour modele sous le contrefcel des présentes ; que l'Impétrant se conformera en tout aux Reglemens de la Librairie, & notamment à celui du 10 Avril 1725; & qu'avant de les exposer en vente, les Manuscrits ou Imprimés qui auront servi de copie à l'impression & réimpression desdites Oeuvres, seront remis dans le même état où l'Approbation y aura été donnée, ès-mains de notre très-cher & féal Chevalier, Chancelier de France, le Sieur DE LAMOIGNON, & qu'il en sera ensuite remis deux Exemplaires de chacun dans notre Bibliothéque publique, un dans celle de notre Château du Louvre, un dans celle de notre très-cher & féal Chevalier, Chancelier de France, le Sieur DE LAMOIGNON ; le tout à peine de nullité des présentes : du contenu desquelles vous mandons & enjoignons de faire jouir ledit Exposant ou ses ayant cause pleinement & paisiblement, sans souffrir qu'il leur soit fait aucun trouble ni empêchement. Voulons que la copie des présentes qui sera imprimée tout au long au commencement ou à la fin de dites Oeuvres, soit tenue pour dûement signifiée, & qu'aux copies collationnées par l'un de nos amés & féaux Conseillers & Sécretaires, foi soit ajoutée comme à l'Original. Commandons au premier notre Huissier ou Sergent sur ce requis de faire pour l'exécution d'icelles, tous actes requis & nécessaires, sans demander autre permission, & nonobstant clameur de Haro, Charte Normande, & Lettres à ce contraires. Car tel est notre plaisir. Donné à Versailles le vingt-septiéme jour du mois d'Avril, l'An de grace mil sept cent cinquante-neuf, & de notre regne le quarante-quatriéme. Par le Roi en son Conseil. LE BEGUE.

Regiſtré ſur le Regiſtre de la Chambre Royale & Syndicale des Libraires de Paris. N°. 521. fol. 356, conformément au Réglement de 1723, qui fait défenſes Art. 41. à toutes perſonnes de quelque qualité & condition qu'elles ſoient, autres que les Libraires & Imprimeurs, de vendre, débiter, faire afficher aucuns Livres pour les vendre en leurs noms, ſoit qu'ils s'en diſent les Auteurs ou autrement, & à la charge de fournir à la ſuſdite Chambre neuf Exemplaires preſcrits par l'Art. 108. du même Reglement. A Paris ce 16 Mai 1759.

G. SAUGRAIN. Syndic.

J'ai cedé mon préſent Privilége à M. DUCHESNE, Libraire à Paris, pour qu'il en jouiſſe, lui & les ſiens, comme d'une choſe à lui appartenante ſuivant l'accord fait entre nous ; à Paris, ce jourd'hui 12 Octobre 1759.

FAVART.

Suite des Comédies Françoise & Italienne, Parodies & Opéra-Comiques, qui se vendent détachés.

De M. FAVART, avec la Musique du Théâtre Italien.

Hippolite & Aricie.
Les Amans inquiets.
Les Indes dansantes.
Musique des Indes dansantes.
Les Amours champêtres.
Fanfale, Parodie.
La Coquette trompée, **Comédie**.
Tircis & Doristhée.
Baïocco, Parodie.
Raton & Rosette.
Musique de Raton & Rosette.
Zéphyre & Fleurette.
La Bohemienne, comédie.
La Musique de la Bohem. 2 Parties.
Ninette à la Cour, Comédie.
La Musique de Ninette, 4 parties.
Les Chinois, comédie.
La Musique des Chinois.
La Nôce interrompue.
La soirée des Boulevards.
La Musique de la soirée.
Supplément à la Soirée.
Petrine, Parodie de Proserpine.
Les Amours de Bastien & Bastienne.
La Fête d'Amour, comédie.
Les Ensorcelés, ou Jeannot & Jeann.
La Fille mal gardée, Parodie.
Musique de la Fille mal gardée.
La Fortune au Village.
Annette & Lubin, Comédie.
Soliman second, Comédie.
Ariettes de Soliman second.

Opera-Comiques & Parodies, & Musiques du même.

Musique des Nymphes de Diane.
Musique d'Acajou.
Cythere assiégé, Opera comique.
Musique de Cythere assiégé.
Moulinet premier.
La Servante justifiée, Opera com.
La Chercheuse d'Esprit.
Le prix de Cythere.
Dom Quichotte, Opera.
Le Coq du Village.
Les Bateliers de S. Cloud, Op. com.
La Coquete sans le sçavoir, Op. c.
Acajou, Opera Comique.
Amours Grivois, Opera comique.
L'Amour au Village, Opera com.
Thétée, Parodie.
Le Bal de Strasbourg.
Les jeunes Mariés, Opera comique.
L'Amour impromptu, Parodie.
Les Nymphes de Diane, Op. com.

Le Mariage par escalade, Op. com.
La Répétition interrompue, Op. c.
La Parodie au Parnasse, Opera com.
Le Retour de l'Opera comique.
Départ de l'Opera-comique.
La Ressource des Théâtres.
Le Bal Bourgeois, Opera comique.

De M. VADÉ, avec les airs notés.

La Fileuse, Parodie.
Le Poirier, Opera comique.
Le Bouquet du Roi.
Le Suffisant.
Les Troqueurs & le Rien, Parodies.
Airs choisis des Troqueurs.
Le Trompeur trompé.
Il étoit tems, Parodie.
La nouvelle Bastienne.
Les Troyennes de Champagne.
Jerôme & Fanchonnette, Parodie.
Le Confident heureux.
Follette ou l'Enfant gâté.
Nicaise, Opera comique.
Les Racoleurs, Opera comique.
L'Impromptu du cœur.
Le mauvais plaisant, Opera com.
La Canadienne, comédie.
La Pipe cassée, Poëme.
Les Bouquets Poissards.
Les Lettres de la Grenouillere.
Le Tome quatriéme, contenant les Amans constans jusqu'au trépas, des Fables & Contes.
Le Recueil de Chansons avec la Musique.
La Veuve indécise Parodie.

De M. ANSEAUME.

Le Monde renversé.
Bertholde à la Ville, avec les Ariettes.
Le Chinois poli en France.
Les Amans trompés, Opera com.
La fausse Aventuriere.
Le Peintre amoureux de son Modele.
Le Docteur Sangrado, Opera com.
Le Medecin d'Amour.
Les Ariettes du Medecin d'Amour.
Cendrillon, Opera comique.
L'Ivrogne corrigé, Opera comique.
Ariettes de l'Ivrogne corrigé.
Le Maître d'Ecole, Opera comique.
Le Procès des Ariettes, Op Com.

Suite des Opera-Comiques de differens Auteurs.

Le Devin de village, Opera.

Le Retour favorable.
La Rose ou les Fêtes de l'Hymen.
Le Miroir Magique.
Le Rossignol, avec la Musique.
Le Désert des Petits Soupers.
Le Calendrier des Vieillards.
La Coupe enchantée.
Les Filles, Opera Comique.
Le Plaisir & l'Innocence.
Les Boulevards.
L'Ecole des Tuteurs.
Zephire & Flore.
La Péruvienne.
Les Fra-Maçonnes.
L'Impromptu des Harangeres.
La Bohemienne, avec la Musique.
Le Diable à quatre, avec les Ariettes.
Les Amours Grenadiers.
Le Quartier Général, Opera Com.
Le Faux Dervis, Opera Comique.
Le Nouvelliste, Opera Comique.
Gilles, Garçon Peintre.
Le Magazin des Modernes.
L'heureux Déguisement.
Les Ariettes de l'heureux Déguisem.
Blaise le Savetier, Opera Comique.
La Musique du même.
Le Maître en Droit.
Ariettes du Maître en Droit.
Le Cadi dupé, Opera Comique.
Le Soldat Magicien, Op. Com.
Les Précautions Inutiles, Op Com.
Le Compliment sans Compliment.
Georget & Georgette, Opera-Com.
Le Tonnelier, Opera Comique.
Les Adieux de l'Opéra-Comique.
Sancho Pança.
Choix de Piéces du Théâtre de Campagne, représentées dans les sociétés, in-8°.

Les deux Biscuits, Tragédie.
L'Eunuque, Parade.
Agathe, ou la chaste Princesse.
Syrop-au-cul, Tragédie.
Le Pot-de-Chambre cassé.
Madame Engueule, Parade.

Théâtre Bourgeois, in-12.
Le Marchand de Londres, Tragédie.
Momus Philosophe, Comédie.
L'Electre d'Euripide, Tragédie.
Abaillard & Héloïse.
L'Orphelin, Tragédie Chinoise.
La Mahonnoise, Comédie.
La mort de Goret, Tragédie.
La Banqueroute, Comédie.
La Femme Docteur, Comédie.

PIECES ANCIENNES DÉTACHÉES.
Tragédies.

Amasis, Tragédie.
Andromaque, Tragédie.
Ariane, Tragédie.
Athalie, Tragédie sainte.

Catilina, Tragédie.
Cinna, Tragédie.
Electre, *de Crebillon.*
Electre, *de Longepierre.*
Esther, Tragédie.
Iphigénie, Tragédie.
Inès de Castro, Tragédie.
Manlius, Tragédie.
Mort de Séjan, Tragédie.
Médée, *de Longepierre*, Tragédie.
Penelope.
Progné, Tragédie.
Polieucte, Tragédie Sainte.
Pirrhus, *de Crébillon.*
Rhadamiste & Zénobie.
Rodogune, Tragédie.
Sinoris, Tragédie.

Comédies par assortiment.

Aveugle clair-voyant.
Amour Medecin.
Andrienne.
Bon Soldat.
Comédie sans titre, ou le Mercure.
Coupe enchantée.
Cocher, Comédie.
Cocu imaginaire.
Crispin Médecin.
Crispin rival de son Maître.
Deuil, Comédie.
Epreuve réciproque.
Esope à la Cour.
Esope à la Ville.
Esprit Follet.
Faucon, Comédie.
Femmes sçavantes.
Femme Juge & Partie.
La femme Docteur, Comédie.
Galant Coureur.
Galant Jardinier.
Homme à bonnes fortunes.
Joueur, *de Regnard.*
Mari retrouvé.
Mere Coquette.
Le Méchant, Comédie.
Médée & Jason, Parodie.
Muet, Comédie.
Nouveauté, Comédie.
Le Nouveau Monde.
Prix de la Beauté, Pastorale.
Le Port de Mer, Comédie.
Retour imprévu.
Sicilien ou l'Amour Peintre.
Trois Cousines.
Turcaret, Comédie.
Venceslas, Comédie.
Vendanges de Surenne.

Opera Comiques.
L'Amante retrouvée, Opera Com.
Les quatre Mariannes, Opera Com.
Les Pelerins de la Mecque, Opera C.
La Magie inutile.
Les Bergers de qualité, Parodie.

www.ingramcontent.com/pod-product-compliance
Lightning Source LLC
LaVergne TN
LVHW052110090426
835512LV00035B/1492